AF232796

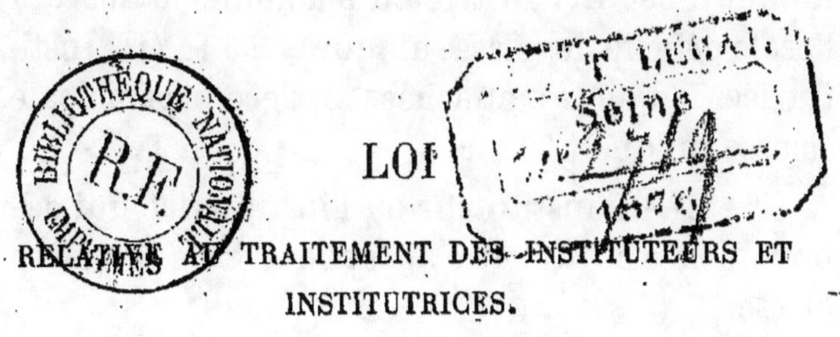

LOI

RELATIVES AU TRAITEMENT DES INSTITUTEURS ET INSTITUTRICES.

Art. 1er. — Les traitements minima des institu-teurs et institutrices publics sont fixés de la manière suivante :

Instituteurs titulaires divisés en 4 classes :

4e classe, 900 fr. ; 3e classe, 1,000 fr. ; 2e classe, 1,100 fr. ; 1re classe, 1,200 fr. (1).

Institutrices titulaires divisées en 3 classes :

3e classe, 700 fr. ; 2e classe, 800 fr. ; 1re classe, 900 fr.

Instituteurs adjoints chargés d'une école de hameau (classe unique), 800 fr. ; institutrices adjointes chargées d'une école de hameau (classe

(1) D'après les dispositions de l'art. 9, une période de quatre années pourra s'écouler avant que les instituteurs, *spécialement ceux de la 1re classe*, aient un droit absolu, aux traitements *minima* qui leur sont attribués par la présente loi.

Pendant l'année 1876, les instituteurs *titulaires* dont le traitement n'aurait été que de 7 ou 800 fr. sont *les seuls* qui bénéficieront des avantages que la loi accorde, et cela dans la proportion fixée par l'instruction ministérielle du 7 août dernier. Voir ci-après l'extrait de cette instruction ministérielle.

unique), 650 fr.; instituteurs adjoints attachés à l'école principale (classe unique), 700 fr. (1); institutrices adjointes attachées à l'école principale (classe unique), 600 fr.

Art. 2. — L'instituteur ou l'institutrice qui débute comme titulaire appartient à la dernière classe.

La promotion à une classe supérieure est de droit après cinq ans passés dans la classe immédiatement inférieure, et ne peut avoir lieu avant l'expiration de cette période.

Art. 3. — L'obtention du brevet complet élève de 100 francs pour les instituteurs et institutrices de tout ordre, les traitements minima auxquels ils ont droit d'après leur classe (2).

Le même avantage est accordé, mais seulement pour l'année courante, aux instituteurs et institutrices non pourvus du brevet complet, placés dans le premier huitième de la liste de mérite qui sera

(1) La classe *unique* n'existe pas encore en fait, et le traitement *minimum* de 700 fr. n'est accordé, pendant l'année 1876, qu'aux adjoints de 1re classe. Ceux de 2e classe ont droit seulement au *minimum* de 600 fr.; conformément à l'instruction ministérielle du 7 août 1875.

(2) Nos Frères instituteurs *adjoints* ne peuvent point profiter de cet avantage pécuniaire ; car ils doivent s'abstenir de déclarer s'ils sont pourvus du brevet de capacité. Il en est autrement pour les instituteurs *titulaires*, puisque nous joignons leur brevet à l'acte de présentation pour les faire nommer par messieurs les préfets.

dressée, chaque année, par le conseil départemental.

L'allocation annuelle sera réduite à 50 francs, pour ceux qui figureront dans le second huitième.

Art. 4. — Les instituteurs et institutrices qui auront obtenu la médaille d'argent dans les conditions fixées par l'arrêté du 21 août 1858, auront droit à une allocation supplémentaire et annuelle de 100 francs, tant qu'ils seront en activité (1).

Art. 5. — Une indemnité annuelle, variant de 50 à 150 francs, pourra être attachée à la résidence des instituteurs et institutrices de tout ordre dans les circonscriptions scolaires où des circonstances exceptionnelles la rendraient nécessaire.

Des tableaux sont, à cet effet, dressés tous les cinq ans, par le conseil départemental, et arrêtés, après avis du conseil général et du recteur de l'académie, par décrets en la forme des règlements d'administration publique (2)

(1) L'augmentation du traitement pour les instituteurs pourvus d'un brevet complet, ainsi que l'allocation attribuée au classement par ordre de mérite, n'auront lieu que plus tard ; l'époque, qui ne peut être reculée au delà de quatre ans, en sera fixée par un décret, conformément aux prescriptions de l'art. 9, § 4e de la présente loi.

Il en est de même de *l'allocation supplémentaire* attachée à l'obtention de la *médaille d'argent*, dont parle l'art. 4.

Voir, pour ce qui concerne nos Frères instituteurs communaux, la note sur l'art. 6.

(2) L'indemnité pour les circonstances exceptionnelles résultant *du lieu de résidence*, concernera surtout les ins-

Art 6. — Les associations religieuses vouées à l'enseignement et reconnues par l'État continueront à être admises à fournir, à des conditions convenues, des maîtres aux communes où elles seront appelées.

A défaut de conventions particulières, toutes les dispositions des articles précédents sont applicables aux instituteurs et institutrices communaux appartenant auxdites associations (1).

tituteurs employés dans les grands centres de population, où les denrées, les loyers des maisons, etc., sont à des prix plus élevés qu'ailleurs. Il en sera probablement de même pour les contrées qui, en raison de circonstances climatériques ou hygiéniques, exigeraient des précautions ou un régime alimentaire particulier, etc.

L'instruction ministérielle du 7 août 1875, annonce qu'*un règlement sera publié à ce sujet, avant l'année 1879.*

(1) L'instruction ministérielle du 16 décembre 1875, entre dans d'assez longues explications au sujet de l'art. 6 de la loi. Cependant, comme il nous concerne tout spécialement, nous croyons devoir consigner ici quelques observations.

1° Les *conditions convenues* ou *conventions particulières*, dont parle le présent article, résultent ordinairement, pour notre Institut, de l'acceptation, par les Municipalités, du «*prospectus pour les nouveaux établissements,*» que nous leur transmettons. Les délibérations prises, à ce sujet, par les conseils municipaux et approuvées par les préfets, forment des contrats synallagmatiques, qui règlent la quotité des allocations à payer, par les communes, aux Frères employés dans leurs écoles publiques.

2° Lorsqu'il y a un terme fixé pour ces *conventions particulières*, si on ne les renouvelle ou proroge, après l'ex-

Art. 7. — Il est pourvu au surcroît de dépenses résultant de la présente loi, au moyen des ressources énumérées dans les articles 40 de la loi du 15 mars 1850 et 14 de la loi du 10 avril 1867, augmentées d'un quatrième centime communal et d'un quatrième centime départemental, additionnels au principal des quatre contributions directes.

Art. 8. — Les ressources d'origines diverses affectées au service de l'instruction primaire continueront à être inscrites au budget communal.

Les traitements seront mandatés par le préfet, et acquittés suivant le mode établi en matière de cotisations municipales (1).

piration, les Frères instituteurs communaux ont droit aux traitements et autres allocations que la loi assure aux instituteurs publics indistinctement.

3° Lorsque les *conventions* ont une *durée illimitée*, la résiliation, sur la demande de l'une des parties — *la Municipalité ou notre Institut* — replace les Frères dans le droit commun, comme l'indique le 2ᵉ paragraphe du présent article.

(1) Il est probable que MM. les préfets mandateront le traitement au nom de chacun des Frères instituteurs titulaires ou adjoints, quoiqu'*un seul mandat*, au nom du Frère Directeur, soit très-suffisant dans les localités où il existe des CONVENTIONS PARTICULIÈRES. Les Frères Visiteurs devront être très-exacts à proposer *sans nul retard*, à l'agrément de MM. les préfets, les instituteurs adjoints, faute de quoi le traitement ne leur serait ni mandaté, ni payé sans contestations.

Quant aux Frères du *temporel*, il n'est pas nécessaire qu'ils aient 18 ans, ni qu'ils soient présentés à l'agrément

Ils seront payés mensuellement et par douzièmes sur le vu d'un état dressé par l'inspecteur d'académie.

Art. 9. — Les instituteurs et institutrices de tous ordres parviendront, par augmentations successives, aux traitements ci-dessus fixés, dans un délai qui n'excèdera pas quatre années (1).

Les instituteurs, institutrices titulaires et instituteurs adjoints dont les traitements *minima* sont de 500, 600, 700 et 800 francs recevront, la 1re année, une allocation complémentaire qui élèvera de 100 francs ces traitements minima (2).

de MM. les préfets. C'est en vertu de l'art. 3 de notre prospectus qu'ils ont droit à l'allocation, lorsqu'il existe des *conventions particulières*.

S'il n'existait pas des *conventions particulières* entre les Municipalités et notre Institut, ni les Frères du temporel, ni tous les autres qui ne seraient pas nommés ou agréés, comme titulaires ou comme adjoints, n'auraient de droits absolus à une allocation communale.

(1) Ce sera donc en 1880, seulement, que les instituteurs communaux, — *titulaires* et *adjoints*, — bénéficieront intégralement de tous les avantages pécuniaires stipulés dans la présente loi.

(2) « A partir du 1er janvier 1871,

« 500 fr. est le traitement minimum des instituteurs *adjoints* de 2e classe.

« 600 fr. est le traitement minimum des instituteurs *adjoints* de 1re classe.

« 700 fr. est le traitement minimum des instituteurs *titulaires* qui débutent.

« 800 fr. est le traitement minimum des instituteurs *titulaires* après cinq années de service.

Le traitement minimum des institutrices adjointes sera porté, la 1re année, de 450 francs à 500.

Pour chacune des trois années suivantes un décret déterminera diverses catégories d'instituteurs et d'institutrices de tout ordre qui, dans les limites fixées par la présente loi, devront obtenir une nouvelle augmentation de traitement. Il fixera en outre le chiffre de cette augmentation.

« Nul ne pourra être élevé à la 1re classe, s'il ne compte « au moins trois années de service dans la 2e classe. »

(Décret du 27 juillet 1870.)

Il pourrait y avoir utilité à obtenir que tous nos Frères, qui ont plus de trois années d'exercice dans les écoles communales, soient nommés adjoints de 1re *classe*. Le minimum de 700 fr. leur serait ainsi assuré dès maintenant, dans les localités où il n'existe pas de *conventions particulières*, faites avec les Municipalités.

MINISTÈRE DE L'INTÉRIEUR.

Instructions pour l'exécution de la loi du 19 juillet 1875.

« Monsieur le Préfet, M. le Ministre de l'Instruction publique, des Cultes et des Beaux-Arts vous a adressé, le 7 août dernier, une circulaire (1) au sujet de l'application de la loi du 19 juillet 1875, relative au traite-

(1) Cette circulaire du Ministre de l'Instruction publique, ayant surtout pour objet : d'INDIQUER A MM. LES PRÉFETS LES RÈGLES QUI DEVRONT LES GUIDER DANS L'ÉTABLISSEMENT DU BUDGET COMMUNAL ET DU BUDGET DÉPARTEMENTAL, POUR L'EXERCICE DE 1876, nous n'avons pas cru nécessaire de la reproduire intégralement. Voici la partie importante pour nos Frères instituteurs communaux.

EXTRAIT *de la circulaire de M. le Ministre de l'Instruction publique, en date du 7 août 1875.*

« MONSIEUR LE PRÉFET,

« En vertu d'une disposition transitoire insérée au paragraphe 2 « de l'article 9 de ladite loi, les instituteurs et institutrices titu- « laires et instituteurs adjoints dont les traitements minima ac- « tuels sont de 500, 600, 700 et 800 fr., recevront, la première « année, une allocation complémentaire qui élèvera de 100 fr. ces « traitements minima.

« Le traitement minimum des institutrices adjointes sera porté « la première année, de 450 à 500 fr.

« Il en résulte qu'un instituteur appartenant, par exemple, à « une catégorie dont le traitement minimum eût été de 700 fr. « dans les conditions antérieures, aurait droit à une augmentation « effective de 100 fr.; celui qui tout en appartenant à la même « catégorie, aurait touché, sous le régime actuel, un traitement « de 725 fr., ne recevra qu'un supplément de 75 fr., et de même « pour les autres catégories. »

ment des instituteurs et des institutrices primaires. Je vous ai moi-même, par télégramme du 27 septembre, recommandé de provoquer, dans les communes où la nécessité en serait constatée, le vote de tout ou partie du quatrième centime communal créé par l'article 7.

Aux termes de cet article, il est pourvu au surcroît de dépense résultant de l'élévation des traitements *minima* des instituteurs et institutrices au moyen des ressources énumérées par les articles 40 de la loi du 15 mars 1850 et 14 de la loi du 10 avril 1867, augmentées d'un *quatrième centime communal* et d'un quatrième centime départemental additionnels au principal des quatre contributions directes.

D'autre part, l'article 9 décide que les instituteurs et institutrices de tout ordre parviendront, *par augmentations successives*, aux traitements fixés par l'article 1er *dans un délai qui n'excédera pas quatre années*.

Afin de se conformer aux intentions du législateur, il convient, avant tout, d'examiner, et ce soin vous incombe, quelle est exactement l'augmentation de dépense résultant pour chaque commune de l'exécution de la loi, sans perdre de vue que cette exécution est *graduelle* et que vous n'avez le droit d'exiger en 1876 qu'une partie des sacrifices qu'elle impose à la caisse municipale. Dans le cas où le minimum des traitements serait déjà atteint, il est évident que vous n'avez rien à demander à la commune. Dans le cas, au contraire, où les dépenses résultant de la loi nécessiteraient, dès 1876, l'augmentation des crédits existants, vous devez appeler les conseils municipaux à voter, à défaut de ressources budgétaires, soit la totalité du quatrième centime, soit la fraction de centime correspondánt à cette augmentation.

Vous remarquerez, Monsieur le Préfet, que ces assemblées peuvent voter valablement, sans le concours des plus imposés, tout ou partie du quatrième centime spécial.

Lorsque les conseils municipaux refuseront de se soumettre aux obligations que la loi met à leur charge, il y aura lieu de m'adresser des propositions motivées tendant à imposer d'office les communes. Mais le refus doit être explicite; la simple négligence, c'est-à-dire l'absence de vote, ne saurait, en aucun cas, servir de base soit à l'inscription, soit à l'imposition d'office. En effet: ou après trois convocations successives, les conseillers municipaux invités à voter le quatrième centime, ne se sont pas présentés en nombre suffisant, et, dès lors, la troisième délibération est valable, quel que soit le nombre des votants; ou bien la question du vote du quatrième centime n'a pas été soumise expressément à l'assemblée, et il n'y a pas alors, de sa part, refus de pourvoir à la dépense dans le sens de l'article 39 de la loi du 18 juillet 1837. Pour les communes de cette catégorie, vous devrez donc inviter les maires à réunir le conseil municipal et à le mettre formellement en demeure de se conformer à la loi.

Je vous rappelle, d'ailleurs, qu'en matière d'imposition d'office, tout est de droit strict, et qu'un décret qui n'aurait pas été précédé des formalités prescrites par l'article 39 de la loi du 18 juillet 1837 pourrait donner ouverture à un pourvoi au contentieux et être annulé par le Conseil d'Etat. Il est donc bien entendu que :

1° Si un conseil municipal refuse de pourvoir à la dépense, l'allocation nécessaire sera d'abord inscrite d'office au budget par un arrêté pris en conseil de préfecture (1) ;

2° Si les recettes ordinaires, suppression faite des dépenses facultatives qui ne seraient pas assurées à l'aide d'une imposition pour insuffisance de revenus, ne permettent pas de couvrir cette allocation, vous provoquerez une nouvelle réunion du conseil municipal, en l'invitant à voter soit la totalité du quatrième centime, soit la fraction équivalant au déficit constaté. Cette mise en demeure doit être accompagnée de l'avis que le refus du conseil entraînera l'établissement d'office de la contribution ;

3° Sur un nouveau refus seulement, vous aurez à me soumettre vos propositions tendant à imposer d'office la commune.

Vos arrêtés portant inscription d'office pourront être collectifs, à la condition d'indiquer, dans des colonnes distinctes, le nom de la commune et la quotité de la dépense à inscrire. Les propositions que vous me soumettrez pourront également embrasser plusieurs communes. Vous ne manquerez pas d'y viser la mise en demeure spéciale adressée aux conseils municipaux de voter l'imposition nécessaire.

Si une commune est déjà imposée d'office, vous

---

(1) On ne peut inscrire d'office au budget que les *dépenses obligatoires*, c'est-à-dire :

1° Le traitement et les suppléments de traitement des instituteurs ;

2° L'indemnité pour le logement ;

3° Les frais de location des maisons d'école ;

4° Les frais d'imprimés pour le service de l'instruction primaire.

**

veillerez à ce que les deux contributions réunies n'excèdent pas soit le maximum fixé par la loi de finances, soit la quotité déterminée par une loi spé-ciale à la commune.

Je dois, en outre, Monsieur le Préfet, après m'être concerté avec mes collègues de l'Instruction publique. et des Finances, vous tracer les règles à suivre en ce qui touche l'exécution de l'article 8.

L'article 8, applicable à toutes les communes sans exception, porte :

1° Que les ressources d'origines diverses affectées au service de l'instruction primaire continueront à être inscrites au budget communal;

2° Que les traitements seront mandatés par le pré-fet et acquittés suivant le mode établi en matière de cotisations municipales ;

3° Qu'ils seront payés mensuellement et par dou-zième, sur le vu d'un état dressé par l'inspecteur d'académie.

En ce qui touche le paragraphe 1er, vous devrez veiller à ce que les ressources d'origines diverses affectées au service de l'instruction primaire soient régulièrement encaissées par les communes. Ces res-sources comprennent, indépendamment des centimes spéciaux, les sommes provenant des fondations, dons ou legs, le produit de la rétribution scolaire, enfin les subventions fournies par le département et par l'État (1).

Les dispositions de la nouvelle loi impliquent

(1) Les ressources provenant de fondations, dons ou legs faits directement en faveur de notre Institut, ne doivent point être en-caissées par les communes, lors même que le décret qui les auto-

l'abrogation du deuxième paragraphe de l'article 41 de la loi du 15 mars 1850, d'après lequel, sur l'avis du conseil général, l'instituteur communal pouvait être autorisé par le conseil académique à percevoir lui-même la rétribution scolaire. Cette rétribution, à l'avenir, devra toujours être perçue par le receveur municipal.

Pour l'exécution du paragraphe 2, relatif au mode de mandatement et de payement des traitements, vous prendrez, sur les propositions de l'inspecteur d'académie, un arrêté fixant le contingent de chaque commune et vous notifierez cet arrêté aux maires et aux receveurs municipaux, ainsi qu'à M. le trésorier, payeur général de votre département, avec qui vous devrez vous concerter.

Les contingents ainsi déterminés seront versés aux époques suivantes, savoir :

Un quart dans la première quinzaine de janvier;

Un second quart dans la première quinzaine d'avril;

Un troisième quart dans la première quinzaine de juillet;

Deux douzièmes au commencement d'octobre;

Le dernier douzième sera versé dans les dix premiers jours de décembre, au vu d'un état dressé par l'inspecteur d'académie et portant décompte définitif du traitement de chaque instituteur.

rise porterait la clause suivante : *Le Supérieur-Général des Frères des Écoles Chrétiennes et le Maire de la commune de N...*, *sont autorisés à accepter, chacun en ce qui le concerne, le don, etc.* Cette clause n'est qu'une formule usuelle, qui ne change rien aux droits absolus résultant, pour l'Institut, des termes des donations.

En ce qui touche la portion des subventions départementales destinée au payement des traitements, vous voudrez bien la mandater, au profit des communes, assez à temps pour que celles-ci, à leur tour, puissent la comprendre dans les contingents qui seront centralisés à la trésorerie générale, et pour qu'il n'y ait pas de cause d'interruption dans l'acquittement de la dépense.

De son côté, M. le Ministre de l'Instruction publique prendra des mésures pour que les subventions de l'État soient ordonnancées de manière que le versement s'effectue dans les caisses municipales en temps utile, et que le montant en soit compris dans les contingents communaux centralisés aux époques indiquées ci-dessus dans la caisse de la trésorerie.

D'après les prescriptions du paragraphe 3, les traitements seront payés, conformément aux règles tracées en matière de cotisations municipales par l'article 606 de l'Instruction générale des finances du 20 juin 1859, au moyen de mandats que vous délivrerez mensuellement sur la caisse de M. le trésorier général. Vous adresserez donc à ce comptable les bordereaux d'émission conformes au modèle n° 463 annexé à ladite instruction. Ces bordereaux seront établis d'après l'état dressé par l'inspecteur d'académie. Lorsqu'il y aura lieu de faire effectuer les payements par les percepteurs et autres comptables de l'arrondissement du chef-lieu ou par les comptables des arrondissements de sous-préfectures, les mandats devront être revêtus du visa de M. le trésorier général.

Vous remarquerez en outre, Monsieur le Préfet,

que le contingent déterminé pour chaque commune, par l'arrêté que vous aurez pris au commencement de l'exercice, ne sera qu'un contingent fixé par prévision et dont le montant pourra varier, suivant qu'il y aura une plus value ou une moins value sur le produit de la rétribution scolaire, produit dont le chiffre n'est exactement connu qu'au 31 décembre. Vous aurez donc à prendre, dans le cours de la seconde gestion de l'exercice communal, un nouvel arrêté déterminant le chiffre exact du contingent afférent à chaque commune. D'après ce second arrêté, lorsqu'une commune aura trop versé, son contingent sera, l'année suivante, diminué d'une somme égale à l'excédant constaté; si, au contraire, les versements ont laissé subsister un déficit, vous devrez augmenter le contingent communal d'une somme équivalente.

Enfin, il est un dernier point qu'il importe de résoudre, c'est celui qui concerne les *mutations* d'instituteurs, par suite de décès ou de changement de résidence, et le décompte définitif de leur traitement à la fin de l'année (1). Les règles que vous devrez suivre dans ces circonstances, et qui seront appliquées au plus tôt en décembre 1876, vous seront tracées par des instructions que je vous adresserai

---

(1) Ce point concerne les instituteurs *adjoints*, aussi bien que les *titulaires*. Ainsi que nous l'avons fait observer dans une note précédente (art. 8), les Frères Visiteurs, qui sont tous délégués, *par nous*, pour la nomination des instituteurs *adjoints*, ne peuvent en déplacer aucun sans avoir préalablement présenté son successeur à l'agrément de M. le Préfet, autrement une partie du traitement pourrait être perdue pour la communauté, ou du moins donner lieu à des contestations.

ultérieurement, après m'être concerté avec mes collègues de l'Instruction publique et des Finances.

Veuillez m'accuser réception de la présente circulaire et en assurer l'exécution.

Recevez, Monsieur le Préfet, l'assurance de ma considération très-distinguée.

Le Vice-Président du Conseil,
Ministre de l'Intérieur,

L. BUFFET. »

Instructions aux inspecteurs d'académie pour l'exécution de la loi du 19 juillet 1875 (16 décembre 1875).

Monsieur l'inspecteur, j'ai l'honneur de vous transmettre un exemplaire de la loi du 19 juillet 1875, portant augmentation du traitement des instituteurs et des institutrices publics.

Cette loi réalise une double amélioration : elle élève les traitements minima et, en outre, elle permet d'accorder dans l'avenir aux instituteurs un avancement sur place, en tenant compte :

1° De l'ancienneté des services (art. 1er et 2);

2° Du mérite (art. 3 et 4);

3° De la résidence (art. 5).

L'article 6 maintient entièrement la faculté accordée aux associations religieuses vouées à l'enseignement et reconnues par l'Etat, de fournir, à des conditions convenues, des maîtres aux communes où elles seront appelées.

Les autres articles déterminent comment il sera pourvu au surcroît de dépenses résultant de l'application de la loi nouvelle; comment sera désormais assuré le payement mensuel et par douzième des traitements. Enfin, des dispositions transitoires, nécessitées par la situation actuelle de nos finances, rendent progressive l'amélioration des traitements et garantissent l'exécution complète de la loi dans un délai qui n'excèdera pas quatre années.

La lecture attentive du texte de la loi vous permettra donc, monsieur l'inspecteur, de vous rendre compte, dès à présent, des changements qu'elle va apporter dans la situation de chacun des fonctionnaires de l'instruction primaire appartenant à votre ressort administratif.

Il est d'autant plus important qu'il ne puisse naître dans votre esprit aucun doute sur le sens et la portée des prescriptions de la loi actuelle, que vous êtes appelé à remplir, pour la première fois, un rôle essentiel en ce qui concerne le payement régulier du traitement des instituteurs et des institutrices. C'est, en effet, sur le vu d'un état dressé par vous, que M. le préfet mandatera, chaque mois, ce traitement (art. 8, § 2, de la loi). Je vous adresse, pour faciliter votre travail, un modèle de l'état que vous aurez à fournir annuellement.

Comme l'application de la loi est répartie sur quatre années et que l'article 9, § 2, a indiqué quels sont les traitements qui doivent seuls être l'objet d'une augmentation pour la première année, vous n'aviez à modifier d'office, en 1875, que les traitements énumérés dans ce paragraphe.

Il importe de remarquer que ce sont les traitements minima édictés par les lois anciennes qui sont élevés de 100 fr. pour les instituteurs, les institutrices titulaires et les instituteurs adjoints; de 50 fr. pour les institutrices adjointes.

Il peut, dès lors, arriver, et il arrivera dans beaucoup de cas que l'augmentation effective du traitement total sera, pour 1876, inférieure à 100 fr. Ainsi, un instituteur titulaire comptant moins de cinq ans de services et qui aurait reçu sous le régime actuel, un traitement de 725 fr., n'aura droit qu'à un complément de 75 fr., lequel portera son traitement total à 800 fr., élevant ainsi de 100 fr. le traitement minimum auquel il aurait eu droit.

Dans d'autres cas, plus rares il est vrai, l'augmentation réelle pourra être supérieure, en fait, à 100 fr. Ce sera lorsque les dispositions de la loi nouvelle viendront ajouter une augmentation à celle qui résulte de la mise en pratique des lois anciennes. Ainsi, un instituteur qui se trouve dans sa cinquième année de services et qui, au 1er avril 1876, aurait été porté à 800 fr., recevra un traitement calculé sur le pied de 800 fr. pendant le premier trimestre et de 900 pendant les trois autres trimestres; de sorte qu'en réalité son traitement aura été augmenté de 175 fr.

En établissant vos calculs d'après ces bases, il vous sera facile de dresser, chaque mois, l'état que vous aurez à fournir à la préfecture.

Toutefois, comme dans les communes où la loi peut être appliquée sans recourir aux subventions du département et de l'Etat, les municipalités sont libres de rendre immédiatement son exécution complète, M. le préfet aura à vous notifier les votes qui auront été émis à cet égard par les conseils municipaux, afin que vous puissiez tenir compte de leurs décisions dans la rédaction de votre état mensuel.

Quand cette éventualité se produira, vous serez nécessairement consulté sur l'interprétation à donner à diverses prescriptions de la loi qui ne seront pourtant appliquées obligatoirement que dans les trois années postérieures à 1876. Je crois devoir vous indiquer, dès à présent, dans quel sens il conviendra de résoudre les difficultés qui vous seront soumises.

L'article 3 dispose que l'obtention du brevet complet élève de 100 fr. pour les instituteurs et les institutrices de tout ordre les traitements minima auxquels ils ont droit d'après leur classe (1).

Il y a lieu de déterminer ce qu'il faut entendre par le brevet complet, et de faire connaître si, pour donner droit à une augmentation du traitement minimum, ce diplôme doit nécessairement faire mention de toutes les matières facultatives inscrites dans le programme d'examen.

Tout brevet qui a été délivré sous l'empire des règlements antérieurs au 3 juillet 1866 et qui jusque-là était considéré comme brevet complet donnera droit à l'augmentation édictée par l'article pré-

---

(1) Pour nos Frères instituteurs publics, ce n'est que dans les localités où il n'existe point de conventions particulières qu'ils pourront bénéficier des avantages que confère le brevet complet, *s'ils sont titulaires.* Quant aux instituteurs adjoints, ils ne doivent, sous quelque prétexte ou avantage que ce soit, faire mention de leur brevet, soit simple, soit complet, ainsi que nous l'avons dit (*note sur l'art.* 3).

cité. Après le 3 juillet 1866, le brevet devra comprendre toutes les matières facultatives énumérées dans les trois premières séries (arrêté du 3 juillet 1867, art. 16 et 17). J'ai décidé que l'absence des langues vivantes, pour lesquelles il n'y a pas d'enseignement régulier dans les écoles normales, ne sera pas une cause d'exclusion.

Quant au dessin d'imitation, qui représente la troisième série, l'épreuve qui le concerne est et demeure obligatoire pour que le brevet puisse être considéré comme brevet complet. Mon intention est de donner, tant dans les écoles normales primaires que dans les écoles publiques, une impulsion nouvelle à cet enseignement, qui n'a pas encore fourni tous les résultats désirables.

J'ai dû me préoccuper aussi de la situation des instituteurs qui exercent en vertu de certains titres mentionnés dans l'article 25, § 2, de la loi du 15 mars 1850, c'est-à-dire de ceux qui sont munis du diplôme de bachelier ou du certificat constatant qu'ils ont été admis dans une des écoles spéciales de l'Etat.

J'ai décidé que ces deux catégories de fonctionnaires pourraient bénéficier des avantages que confère le brevet complet, lorsqu'ils auraient subi avec succès un examen sur les matières pour lesquelles le titre qu'ils possèdent ne fournit pas la preuve de connaissances acquises. L'institution de cet examen fera l'objet d'un règlement ultérieur.

L'article 4 déclare que « les instituteurs et institutrices qui auront obtenu la médaille d'argent, dans les conditions fixées par l'arrêté du 21 août 1858, auront droit à une allocation supplémentaire et annuelle de 100 francs tant qu'ils seront en activité. »

Cette faveur est accordée à tous les titulaires de la médaille d'argent qui sont instituteurs et institutrices publics, quel que soit d'ailleurs le traitement dont ils jouissent. Elle n'est applicable ni à ceux qui sont dans l'enseignement libre, ni aux maîtres qui sont entrés dans les lycées et colléges. En outre, l'allocation dont il s'agit pourra se cumuler avec l'augmentation attribuée aux titulaires du brevet complet ou avec celle qu'entraînera l'inscription, en rang utile, sur la liste de mérite dressée, chaque année, en conseil départemental (art. 3, §.2). Enfin, elle est soumise à la retenue du vingtième pour le service des pensions de retraite (1).

Quant à l'indemnité qui pourra être allouée aux instituteurs et institutrices en raison des circonstances exceptionnelles résultant du lieu de leur résidence (art. 5), il n'y a pas lieu de s'en occuper actuellement. Les conditions dans lesquelles ces indemnités seront accordées feront l'objet d'un règlement qui sera publié avant l'année 1879.

En vertu de l'article 6, « les associations religieuses vouées à l'enseignement et reconnues par l'État, continueront à être admises à fournir à des conditions convenues, des maîtres aux communes où elles seront appelées. »

A défaut de conventions particulières, toutes les dispositions des articles précédents sont applicables

---

(1) La retenue du vingtième ne concerne point nos Frères, qui ne peuvent bénéficier de la retraite, accordée aux seuls instituteurs laïques. Il est probable que la loi qu'on prépare sur les pensions et les retraites des fonctionnaires civils sera très-explicite à ce sujet.

aux instituteurs et institutrices communaux, appartenant auxdites associations.

On m'a demandé ce qu'il fallait entendre par *conditions convenues* et par *conventions particulières*.

Alors même qu'il n'existe pas de contrat écrit entre la municipalité et la congrégation, il peut néanmoins y avoir une convention tacite. Un arrêt de la Cour de Toulouse, en date du 11 août 1873, confirmé par la Cour de cassation le 1er décembre suivant (1), a établi que l'exécution d'un contrat entre une congrégation et une municipalité résultait d'un certain nombre de circonstances parmi lesquelles figure l'inscription au budget de traitements votés successivement et approuvés par le préfet pendant un certain laps de temps.

Il suit de là que si, pendant plusieurs années, il a été régulièrement inscrit au budget communal, pour les instituteurs ou institutrices congréganistes d'une commune, des traitements qui n'ont point été calculés d'après le taux établi par les règlements scolaires, il y a, en réalité, convention tacite, et comme c'est la convention qui fait la loi des parties, la loi du 19 juillet 1875 n'est pas applicable dans ce cas en ce qui concerne la fixation des minima de traitement (2).

D'après l'article 8, « les ressources d'origines di-

---

(1) Voir ci-après un considérant fort remarquable de l'ordonnance sur le *Référé* qui précéda l'arrêt en question.

(2) Le Supérieur-Général a *seul* qualité pour faire des conventions avec les communes. Nous avons expliqué dans une précédente note (*art.* 6), comment cela a lieu ordinairement.

Cependant, le seul fait d'accepter et de percevoir les allocations inscrites au budget communal, pendant plusieurs années succes-

\ verses affectées aux services de l'instruction primaire
continueront à être inscrites au budget communal.
Les traitements seront mandatés par le préfet et acquittés suivant le mode établi en matière de cotisations municipales. »

Les ressources qui servent à acquitter les traitements devant, aux termes de cet article, être centra-
lisées dans un fonds de cotisations municipales, les
instituteurs et institutrices ne pourront plus, dans
aucun cas, percevoir par eux-mêmes la rétribution
scolaire. Les autorisations spéciales qui ont été accordées à quelques-uns d'entre eux par le conseil
départemental, en vertu de l'article 44, § 2, de la loi
du 15 mars 1850, se trouveront, par cela même, reti-
rées à partir du 1er janvier prochain (1).

En outre, comme les ressources applicables au
payement du traitement de la maîtrise des travaux
à l'aiguille seront également versées au fonds des
cotisations municipales, vous devriez comprendre
dans votre état ledit traitement. Toutefois, en raison
de sa modicité, j'ai décidé qu'il serait mandaté par

sives, constitue également une convention tacite, comme le dit
M. le Ministre. Si un Conseil municipal diminuait, de son chef, le
montant de l'allocation annuelle, il faudrait nous en avertir : afin
que nous puissions examiner s'il ne nous convient pas de réclamer,
ou même de proposer la résiliation des conventions, et de bénéficier des dispositions de la loi du 19 juillet 1875.

(1) Cette observation de M. le Ministre n'a pas d'application
pour nos écoles publiques, dans lesquelles les Municipalités ont
établi la rétribution scolaire. Non-seulement les Frères n'ont pas
perçu eux-mêmes ladite rétribution ; mais ils ont même dû se
borner à remettre les listes mensuelles ou trimestrielles des élèves
inscrits. La rétribution étant perçue au profit des communes, ce
sont MM. les maires qui font dresser les rôles et les signent. (Instruction ministérielle du 31 janvier 1854.)

semestre, le 30 juin et le 31 décembre de chaque année.

Il reste encore à résoudre un certain nombre de questions qui, sans se rattacher à un article spécial, sont la conséquence des dispositions générales de la loi.

Ainsi, lorsque le traitement de l'instituteur adjoint est prélévé en totalité sur le traitement du titulaire, il serait parfois injuste de faire supporter à ce dernier l'augmentation du traitement à laquelle l'adjoint aura droit désormais, par le fait de l'application de la nouvelle loi.

Dans ce cas, il y aura lieu de soumettre de nouveau au conseil départemental la fixation de la portion de rétribution qui devra être affectée au traitement de l'adjoint, en exécution de l'article 6 de la loi du 10 avril 1867 (1).

D'un autre côté, il faut bien le rappeler aux communes que la chose intéresse, la loi du 19 juillet 1875 n'est pas applicable aux institutrices qui exercent dans les communes de moins de 500 âmes. En effet, l'article 1er de la loi du 10 avril 1867 est toujours en vigueur et les dépenses relatives aux écoles de filles ouvertes dans ces communes sont, comme par le

(1) Dans les communes avec lesquelles nous avons fait des conventions particulières, — c'est le plus grand nombre, — la nouvelle loi n'apportera aucune modification au traitement de nos Frères instituteurs adjoints. Dans les autres localités, le Conseil municipal pourra demander qu'une partie au moins, du traitement des adjoints soit prise sur la rétribution scolaire, ou traitement éventuel de l'instituteur titulaire; mais à condition que le traitement de ce dernier ne soit pas inférieur au minimum fixé par la nouvelle loi, pour la catégorie à laquelle appartient l'instituteur titulaire, à raison des années d'exercice qu'il compte.

passé, des dépenses purement facultatives. Mais on doit espérer que les municipalités, après avoir fait, au moyen de leurs revenus propres, les sacrifices nécessaires pour avoir une école spéciale de filles, ne voudront pas que leurs institutrices demeurent dans une situation inférieure à celle qui est faite aux maîtresses remplissant les mêmes fonctions, dans des communes ayant plus de 500 habitants. Je dois ajouter, d'ailleurs, que s'il existe, lorsque la loi sera complétement en vigueur, quelques ressources disponibles en fin d'exercice, je serai très-disposé à les affecter à une dépense dont je reconnais l'utilité réelle. Je ne saurais, toutefois, prendre à cet égard aucun engagement et je ne puis, quant à présent, que rester dans les termes rigoureux de la loi.

Je ne m'occuperai pas en ce moment de la question relative aux listes de mérite (art. 3, § 2). Ces listes ne doivent pas être dressées pour l'année 1876, et il n'y aura lieu de vous en entretenir qu'au moment où cette disposition de la loi devra recevoir son application.

Je vous prie de m'accuser réception de la présente circulaire.

Le Ministre de l'Instruction Publique,
des Cultes et des Beaux-Arts,

H. WALLON.

Extrait du prononcé *sur le Référé de l'Institut des Frères des Écoles Chrétiennes, à Toulouse, 10 janvier 1871.*

« Attendu que l'Institut des Frères invoque ses statuts où il est stipulé : que dans le cas où on voudrait fermer un établissement, sa suppression ne pourra avoir lieu qu'après avoir été notifiée six mois d'avance au Supérieur-Général ;

« Qu'à la vérité, la ville ni l'Institut ne sont à même de produire les traités intervenus entre eux et qui auraient constaté la consécration de ses statuts ; mais, que les conventions aient été écrites ou non, il est vraisemblable que le représentant de l'Institut ne s'est engagé qu'en se conformant au pouvoir dont il était investi ; qu'il devait respecter les règles de sa corporation, qu'il les a sans doute observées à Toulouse, comme dans les autres communes, que le référé ne pouvant solliciter que des mesures provisoires sans engager le principal, admet la preuve des présomptions à défaut de toute preuve décisive ;

« Que d'ailleurs dans la réalité des situations on ne saurait sans erreur et sans injustice assimiler le Frère de la Doctrine à un ouvrier gagé travaillant pour l'intérêt exclusif du patron, à un commis municipal louant ses services et que son chef est libre de congédier à tout instant ;

« Que les subsides fournis aux Frères ne sont pour eux qu'un moyen de remplir leur office, une simple assistance, et non pas un salaire qui les désintéresse ;

et qu'on le voit dans l'écart considérable qui se trouve
entre leurs allocations et les traitements encore trop
médiocres que la commission municipale est obligée
d'allouer à ses nouveaux instituteurs;

« Que c'est, à vrai dire, une association de fait, si
l'on veut, qui se forme entre les communes et l'Institut pour une entreprise qui poursuit le même but
celle-là y participant de ses locaux et de ses subsides,
celui-ci y participant de l'attitude, de la régularité et
de l'abnégation de ses Frères;

« Que dans les sociétés de fait la retraite subite de
l'un des associés effectuant sa dissolution, alors surtout qu'un long avenir lui paraissait promis par une
longue existence, ne peut avoir et n'a pas pour résul-
tat de compromettre l'associé surpris par la rupture,
au point de le contraindre d'abandonner aussitôt sa
tâche, tâche qu'il peut vouloir continuer seul, quoique
abandonné désormais à ses propres facultés; qu'il y
aurait là un préjudice à réparer et qui se répare juste-
ment en donnant à l'associé abandonné, quel qu'il soit,
la latitude que la loi et les usages accordent aux loca-
taires.

« Qu'enfin les rôles étant intervertis, la commune
jouirait de la faveur due à l'Institut, si celui-ci, rom-
pant brusquement son association, entendait re-
prendre immédiatement les locaux qui lui appartien-
draient (1).

(1) D'après la doctrine exposée dans ce considérant, la résiliation de nos conventions avec les communes serait régie par
l'art. 1869 du code civil : « La dissolution de la société par la
« volonté de l'une des parties ne s'applique qu'aux *sociétés dont la*
« *durée est illimitée*, et s'opère par une renonciation notifiée à
« tous les associés, pourvu que cette renonciation soit de bonne
« foi, et non faite à contre-temps. »

POUR CES MOTIFS,

« Nous avons ordonné et ordonnons que pendant un délai de six mois, à partir du 26 décembre dernier, l'Institut des Frères conserve la possession des écoles, etc., etc.

PARIS.— IMP. VICTOR GOUPY, RUE GARANCIÈRE, 5